DAS ARRAS

R696d   Rodrigues, Lia Palazzo
        Das arras / Lia Palazzo Rodrigues. — Porto Alegre: Livraria do Advogado, 1998.
        82 p. 14 x 21 cm.
        ISBN 85-7348-057-2

        1. Arras. 2. Contrato. I. Título.

                                        CDU 347.412.8

        Índices para catálogo sistemático
        Arras
        Contrato

(Bibliotecária responsável: Marta Roberto, CRB 10/652)

Lia Palazzo Rodrigues

DAS ARRAS

livraria
DO ADVOGADO
editora

Porto Alegre 1998

© Lia Palazzo Rodrigues, 1998

Capa, projeto gráfico e diagramação
Livraria do Advogado / Valmor Bortoloti

Revisão
Rosane Marques Borba

Direitos desta edição reservados por
Livraria do Advogado Ltda.
Rua Riachuelo, 1338
90010-273 Porto Alegre RS
Fone/fax: (051) 225 3311
E-mail: liv_adv@portoweb.com.br
Internet: http://www.liv-advogado.com.br

Impresso no Brasil / Printed in Brazil

*Dedico esta obra, com carinho,
àqueles que sintetizam o que de
melhor há em minha vida: meu marido,
João Albino Simões Rodrigues,
meus filhos Luciana, Eduardo e Laila,
e meus alunos da Faculdade de
Direito da Universide de Pelotas.*

Lista de abreviaturas

Ap. Civ. .... Apelação Cível
CCB .... Código Civil Brasileiro
CCI .... Código Civil Italiano
CDC .... Código de Defesa do Consumidor
CPC .... Código de Processo Civil
Embs. Infs. .. Embargos Infringentes
j. .... julgado

Sumário

Introdução 11

Capítulo I
Abordagem preliminar das arras 15
  1.1. Etimologia da palavra "arras" 17
  1.2. As arras na antigüidade 17
  1.3. As arras no direito comparado contemporâneo . . 21
  1.4. Evolução das arras no direito brasileiro 28

Capítulo II
Das arras no direito contemporâneo brasileiro 31
  2.1. As arras confirmatórias e a forma dos contratos . 33
  2.2. As arras e o direito de arrependimento do
      art. 1.088 do Código Civil Brasileiro 34
  2.3. Função das arras confirmatórias 36
      2.3.1. Função comprobatória 36
      2.3.2. Função preventiva 37
      2.3.3. Função de princípios de pagamento 39
      2.3.4. Função de pena e antecipação da indenização
           pelo inadimplemento 41
  2.4. Destino das arras confirmatórias 41
      2.4.1. Hipótese de cumprimento do contrato . . . 41
      2.4.2. Hipótese de inexecução culposa do contrato 42
      2.4.3. Descumprimento do contrato devido a
           caso fortuito ou força maior 49
      2.4.4. Vínculo contratual desfeito por mútuo acordo 49

Capítulo III
Das arras penitenciais no direito brasileiro 51
   3.1. Função das arras penitenciais 53
      3.1.1. Função alternativa 54
      3.1.2. Função de compensação 55
      3.1.3. Função de antecipação de pagamento 57
      3.1.4. Função de antecipação de indenização 58
   3.2. Exercício do direito de arrependimento:
      oportunidade 58
      3.2.1. Caso de cumprimento do acordo 59
      3.2.2. Caso do exercício do direito de
          arrependimento 60
      3.2.3. Caso de inadimplemento contratual 61
      3.2.4. Caso de impossibilidade da prestação 62

Capítulo IV
As arras e Código de Defesa do Consumidor 65

Conclusão 73

Bibliografia 77

Introdução

Muito embora as arras tenham sido conhecidas desde a antigüidade, pairam, ainda hoje, sobre este instituto secular, incertezas a respeito de sua natureza, finalidades e conseqüências.

Dada a sua larga utilização no comércio jurídico atual, notadamente nos contratos preliminares de compra e venda de bens imóveis, impõe-se dissipar tais dúvidas.

Posto que a boa-fé leve os homens de bem a honrar a palavra empenhada, razões várias podem impedir que o contrato venha a se concretizar ou a produzir os efeitos dele esperados.

Surgem, então, as arras, cláusula acessória de uma avença, como medida eficiente para provar sua existência, impedir o direito de arrependimento, antecipar a indenização em caso de inadimplemento ou significar princípio de pagamento. O sinal assim esboçado denomina-se confirmatório, e o seu destino variará conforme as circunstâncias em que se encontrarem os contraentes.

Por outro lado, o princípio da obrigatoriedade dos contratos restará alterado. Se as partes contratantes ajustarem suas vontades, pactuando o direito de arrependimento, quando, então, abrir-se-á para os parceiros a possibilidade de cumprir o avençado ou, ao contrário, recuar na vontade manifestada. Temos, aí, as arras penitenciais, que podem revestir função de alternativa, de antecipação de pagamento, de compensação ou de indenização. O destino do sinal ficará condicionado à situação em que estiverem os contratantes frente ao vínculo obrigacional.

O assunto abordado nesta monografia interessa aos profissionais do Direito de um modo geral. Aos juízes, porque, na árdua tarefa de decidir com justiça, as arras poderão apresentar-se como ponto nevrálgico na composição de um conflito. Aos advogados, porque, na sua labuta diária, defendendo direitos e interesses alheios, poderão encontrar nas arras poderoso instrumento para prevenir litígios, quando da elaboração dos contratos. Aos professores, porque, muitas vezes, a ausência de um estudo sistematizado a respeito do tema dificulta a tarefa de ensinar. E aos estudantes, finalmente, porque nem sempre a doutrina aborda o assunto com a clareza de que necessitam aqueles que mergulham no estudo do Direito com a insegurança de quem dá os primeiros passos.

A finalidade deste trabalho é, pois, trazer para o campo dos contratos uma contribuição pessoal no sentido de precisar os contornos das arras, evidenciando suas principais finalidades, e esclarecer as conseqüências que elas produzem.

Procurou-se seguir uma metodologia científico-jurídica sistemática. A citação de doutrina estrangeira foi propositada. Teve por finalidade permitir a comparação entre as várias legislações que regulam as arras, evidenciando os pontos comuns e os pontos divergentes com a legislação pátria. A transcrição de trechos de obras de alguns dos doutrinadores mais conceituados no mundo jurídico teve por objetivo ampliar o conhecimento do leitor a fim de que possa, ao final, formar a sua própria opinião a respeito do assunto. Igualmente, a indicação de diversos julgados procurou propiciar compreensão mais profunda do tema através dos ensinamentos transmitidos pelas decisões dos nossos tribunais.

Por outro lado, buscou-se também entrelaçar as arras com outros objetos de estudos do Direito Civil, tais como a forma e a prova dos atos jurídicos, as obrigações, suas espécies e conseqüências, e a responsabilidade civil, a fim de que, assim, se pudesse alargar o campo de análise que o tema enseja. Algumas considerações foram tecidas acerca do arrependimento no Código de Defesa do Consumidor.

Também, em vista de se desenvolver o espírito crítico, mostrou-se a forma como o Projeto de Código Civil aborda a temática das arras.

Sem pretender esgotar-se o assunto, muito se pesquisou e muito se estudou. Oferecemos, tão-somente, uma visão ampla das arras.

Capítulo I
Abordagem preliminar das arras

1.1. Etimologia da palavra "arras"

A palavra "arras" tem origem semítica; em hebraico *arravon*, palavra do trato comercial, comunicada aos gregos pelos mercadores fenícios, através do grego (*arravon*) e do latim *arrhabo, arrahae*. No hebraico, significa penhor. (Nascentes, 1955)
Significa também a palavra arrhas "s. f. pl. Quantia ou bens que o noivo assegura, por contrato dotal, à esposa para sua alimentação e tratamento, no caso de lhe sobreviver. Dinheiro de sinal que se dá em segurança de um ajuste ou contrato; penhor." (Caldas Aulete, 1911)
Quer dizer ainda "arrabo o mesmo que arrae (arras). Pequena soma em dinheiro ou objeto entregue por ocasião da conclusão de uma convenção, por uma das partes à outra. No período clássico, as arras desempenham função probatória. Na época de Justiniano, as arras têm ainda função probatória nas vendas sem escritos, servindo como meio de multa, por arrependimento, nas vendas por escrito, enquanto o contrato não se acha definitivamente formado. Pronúncia: árrabo." (Silveira, 1957)

1.2. As arras na antigüidade

As arras, que foram conhecidas na antigüidade pelos fenícios, hebreus, cartagineses, gregos e romanos, consistiam na entrega, por um contratante ao outro, de um objeto que simbolizava a conclusão e a solidez do contrato celebrado.

De acordo com Pereira (1936), antes mesmo de buscar-se o instituto das arras no direito das obrigações, hoje seu campo adequado de aplicação, é necessário, para localizá-lo no tempo, investigar-se o direito de família. Quando os contratos se encontravam ainda em fase rudimentar, em que despontava a troca de objetos entre os grupos, as arras já existiam nos contratos esponsalícios. Comum era a entrega que o noivo fazia à noiva de um anel em sinal da existência de um contrato de casamento. Era o instituto romano-helênico da *arrahae-sponsalicié*, conforme Bonfante (1951).

Os contratos tiveram sua evolução ligada à própria evolução da sociedade em que eram realizados. Pode-se dizer que os contratos espelharam, e ainda hoje refletem, os traços mais marcantes do grupo social, quer sejam eles econômicos, políticos, jurídicos, quer filosóficos. Por isso mesmo, à medida que as relações humanas se desenvolviam pela aproximação dos grupos e das pessoas entre si, aperfeiçoavam-se as instituições jurídicas para possibilitar a vida em comum e para proteger interesses sociais. Desse modo, as arras apareceram, inicialmente, no período romano com função de comprovar a existência de um acordo de vontades, atendendo, assim, a uma primeira necessidade coletiva: a prova do contrato. A entrega de determinada coisa por um contratante ao outro marcava o exato momento em que as vontades se ajustavam e servia de prova do acordo, geralmente de compra e venda. Aliás, crê-se que o direito clássico não admitia outra função para as arras, ao contrário do direito grego, em que essas tinham caráter penitencial. Atribui-se, inclusive, à influência grega a regulação das arras, no Código de Justiniano, com função penitencial, conforme indica Collinet.

O direito romano pré-justinianeo considerava as arras como confirmatórias do contrato.

"Era sinal evidente de que se chegara a acordo definitivo e só faltava a execução deste: entrega da cousa e pagamento do preço convencionado; e por isso não era lícito a uma das partes renunciar ao contrato por seu livre arbítrio, perdendo ou dobrando o sinal, conforme era quem o dera ou o recebera." (Gonçalves, 1958)

No direito justinianeo, as arras, ao invés de perderem seu significado anterior, de prova do contrato, assumiram outro, o de arrependimento (*arrhae poenitentialis*), que facultavam às partes voltar atrás na palavra empenhada, mediante a perda do sinal ou sua devolução em dobro.

Dividem-se, nesse ponto, os romanistas, que, segundo Pereira (1978), apresentam-se em dois grupos distintos. O primeiro converteu as arras confirmatórias em penitenciais, permitindo a possibilidade de retrato e dando ao instituto uma feição que ele nunca tivera, sem indagar se o contrato de que eram acessórios estava ou não perfeito. Um segundo grupo distinguia o momento da entrega das arras para estabelecer seus efeitos: se entregue antes de perfeito o pacto, admitia-se a faculdade de retrato (arras penitenciais). No entanto, uma vez celebrado e perfeito o contrato, as arras eram confirmatórias, conservando seu antigo caráter.

Num ponto, pode-se afirmar que há unanimidade: as arras, no direito de Justiniano, passaram a possibilitar aos contratantes o direito de retrato, perdendo-as quem as tivesse dado, e restituindo em dobro aquele que as tivesse recebido. Nessa época, já se discutia a forma do contrato, se escrito ou não, para se saber da possibilidade de arrependimento que as arras facultavam, evidenciando-se, também, a figura do contrato preliminar de venda como meio de propiciar a estipulação de arras penitenciais. Nesse particular, é clara a lição de Stolfi: "Logo, no direito justiniâneo, essa deve presumir-se confirmatória no contrato e penitencial na tratativa." (Stolfi e Stolfi, 1949)

Também no direito franco, comum era a prática da entrega de um objeto simbólico, por um contratante ao outro, quando da efetivação do ajuste de vontades. Era o formalismo simbólico a que alude Gilissen (1986), cristalizado na "festuca" (palha) ou *wadium* (penhor sem valor). Também no antigo direito francês, havia a figura do *le denier à Dieu* (dinheiro de Deus), verdadeira arra confirmatória, que consistia numa pequena moeda de cobre do menor valor, simbolizando a segurança da avença, quando entregue por um contratante ao outro.

Pelo exposto, evidencia-se: as legislações modernas que incorporaram o instituto das arras o fizeram com fundamento no direito romano, adaptando as velhas regras às novas realidades e necessidades sociais.

1.3. As arras no direito comparado contemporâneo

Várias são as legislações modernas que regulam o instituto das arras. Alguns códigos prevêem as arras, precipuamente, com função de confirmatórias. Outros as regulam, em princípio, com caráter penitencial, e outros, ainda, admitem e regulam as arras em suas duas espécies.

O Código de Napoleão[1], no seu art. 1.590, estabelece que "se a promessa de venda foi feita com arras, poderá qualquer das partes se arrepender, aquele que as deu perdendo-as, aquele que as recebeu, restituindo o dobro delas". O referido Código tratou das arras no seu Livro III - Diferentes Modos Pelos Quais se Adquire a Propriedade; Título VI - Da Venda; Capítulo I - Da Natureza e da Forma de Venda.

As arras são, pois, para o direito francês, acessórias do contrato de promessa de compra e venda, constituindo modalidade de cláusula penal resolutiva. Conforme lecionam Mazeaud, Mazeaud e Mazeaud (1956) tal resolução convencional se faz acompanhar de uma cláusula penal: perda ou devolução dobrada, conforme a inexecução proceda do contratante que as deu ou do que as recebeu. As arras, percebe-se, têm caráter penitencial. Se o contrato, no entanto, for executado, ou seja, cumprido integralmente pelas partes contratantes, eis que nenhuma delas exerceu o direito de retrato que a estipulação das arras lhe facultava, por isso o valor

---
[1] Código de Napoleão - França - 30 Ventoso, ano (21 de março de 1804) - Instituiu o Código Civil Francês.

delas será imputado no preço. As arras, então, revestem a função de princípio de pagamento, conforme prescrevem os mencionados autores.

No entanto, outras funções podem as arras revestir. Bonnecase (1945), comentando o referido código, assevera que as arras acompanham o contrato de promessa de compra e venda, podendo a importância em dinheiro, entregue por um contratante a outro, servir como prova do contrato ou como meio de libertar-se dele. Nota-se aqui que, para o citado autor, as arras, acessórias da promessa de venda, consistirão em quantia em dinheiro, entregue por um dos contratantes ao outro, tanto como prova do contrato (função probatória), como meio de torná-lo revogável (função liberatória).

Para Planiol (1905):

"Chama-se arras a soma em dinheiro que uma parte dá à outra no momento da conclusão definitiva do contrato... Criadas para assegurar a execução do contrato, constituindo um impedimento a que qualquer das partes se desdiga impunemente, elas prevêem ao contrário um momento de retratação, que não existe em princípio numa legislação onde o contrato consensual é por si mesmo obrigatório."

Lecionam, por sua vez, Lacantinerie e Saignat (1900) que o art. 1.590 do Código de Napoleão caracterizou as arras como penitenciais, isto é, como reserva às partes contratantes no sentido de poder qualquer delas retratar-se da vontade manifestada. A perda das arras seria, pois, uma pena pelo desdizer-se. O ganho das arras pelo outro seria a indenização pelos danos ocorridos em virtude da retratação.

Convém destacar, pois, que para o direito francês, as arras são acessórias de um contrato preliminar, têm caráter real e, legalmente, têm função penitencial, de acordo com o art. 1.590 mencionado, embora possam revestir outras funções, se assim quiserem as partes, pois tal norma é de ordem privada.

O Código Civil Italiano[2] disciplinou as arras no Livro IV - Das Obrigações; Título II - Dos Contratos em Geral; Capítulo V - Dos Efeitos dos Contratos; Seção II - Da Cláusula Penal e das Arras.

À semelhança do que ocorria no direito romano, as arras, no sistema italiano, têm duas funções distintas: confirmatórias e penitenciais.

O art. 1.385 do CCI trata das arras confirmatórias, dispondo que:

"Se no momento da conclusão do contrato uma parte dá à outra, a título de arras, uma soma em dinheiro ou uma quantidade de outra coisa fungível, as arras, em caso de adimplemento, devem ser restituídas ou imputadas na prestação devida. Se a parte que deu as arras é inadimplente, a outra pode rescindir o contrato e exigir o dobro das arras; se inadimplente é, ao invés, a parte que as recebeu, a outra pode rescindir o contrato e exigir o dobro das arras. Se porém a parte que não é inadimplente preferir demandar a execução ou a resolução do contrato, o ressarcimento dos danos é regulado pelas normas gerais."

Percebe-se, pelo exame do artigo supratranscrito, que as arras confirmatórias têm por escopo

---

[2] Código Civil Italiano de 16 de março de 1942.

evidenciar um acordo de vontades, além de funcionar como princípio de execução do contrato, salvo se aquilo que foi entregue a título de sinal não é computado na prestação por estipulação expressa.

Quanto aos efeitos das arras confirmatórias, assim se manifesta Ruggiero (1973):

"Duas faculdades tem o contratante que se manteve, contra aquele que não cumpriu: ou agir por meio da execução e, quando esta já não seja possível, para indenização do dano, ou agir para a resolução ou rescisão do contrato. ... Se a parte que não deixou de cumprir age pela execução, tem direito a toda indenização; se ela, pelo contrário, escolhendo entre as duas faculdades, preferir pedir a rescisão, o sinal funcionará como limite da indenização, visto a lei declarar que em tal caso ficará com o sinal recebido, o que quer dizer que não há uma razão creditória mais ampla."

Mas o CCI admite, também, as arras com função penitencial, ao dispor no art. 1.386: "Se, no contrato, é estipulado o direito de rescisão por uma ou pela outra parte, as arras têm a função de correspectivo da rescisão. Neste caso, o que rescinde perde as arras dadas ou restitui o dobro do que recebeu."

Note-se que, no caso de as arras serem penitenciais, as partes podem desistir do contrato, não cabendo a execução da avença. As arras, nesse caso, funcionam como pena pela rescisão, ou como liquidação preventiva do dano.

No caso das arras penitenciais, se cumprido o contrato, elas devem ser restituídas, se se constituírem de coisas que não dinheiro. Se constituírem de soma em dinheiro, serão computadas no preço.

Para o direito italiano, pois, as arras têm caráter acessório, visto que acompanham um contrato para confirmá-lo (arras confirmatórias) ou para permitir sua rescisão unilateral (arras penitenciais). Em ambos os casos, funciona como pena: pelo inadimplemento ou pelo arrependimento. No segundo caso, equivale à liquidação prévia dos danos. Têm ainda caráter real.

O Código Civil Alemão[3] disciplinou o instituto das arras no Livro II - Direito das Obrigações; Seção II - Obrigações Resultantes dos Contratos; Título II - Arras. Multa Convencional.

De acordo com essa legislação, as arras, que se constituem na transmissão de dinheiro ou qualquer outro objeto de um contratante ao outro, podem revestir funções diversas: confirmatórias, como sinal da conclusão de um contrato ainda não concluído, mas que deva sê-lo por escrito; penitenciais, para o caso de rescisão unilateral. (Ennecerus, Kipp e Wolf, 1954)

Quando o contrato se resolve ou a prestação se impossibilita por culpa de um dos contratantes, as arras serão retidas por quem as recebeu, ou se imputarão no valor da indenização devida por quem as deu. O CCA, aqui, indaga da culpa do contratante que causou a rescisão do contrato ou da impossibilidade da prestação, ao dispor no § 338:

> "Se a prestação devida pelo que dá (as arras) se tornar impossível em conseqüência de uma circunstância pela qual tem ele de responder, ou se torne, aquele que dá (as arras), culpado da invalidação do contrato, está autorizado que

---
[3] Código Civil Alemão de 18 de agosto de 1896.

(as) recebeu, a conservar as arras. Se o que recebeu (as arras) exigir indenização do dano por inexecução, deverão ser, na dúvida, computadas as arras, ou quando isto não possa acontecer, devolvidas por ocasião de prestação da indenização."

No CCA, as arras só autorizam a retratação quando há convenção expressa a respeito.

O Código Civil Argentino[4] tratou das arras no seu Livro Segundo - Dos Direitos Pessoais nas Relações Civis; Segunda Parte - Extinção das Obrigações; Seção Terceira - Das Obrigações que Nascem dos Contratos; Título I - Dos Contratos em Geral; Capítulo VI - Dos Efeitos dos Contratos.

À semelhança de outras legislações, a argentina também considera as arras como a entrega que um dos contratantes faz ao outro de certa quantia em dinheiro ou de uma coisa móvel. Admite terem elas duas finalidades distintas: confirmatórias, quando servem de reforço à execução da avença; ou penitenciais, no caso em que permitem a qualquer dos contratantes o exercício do direito de arrependimento, funcionando como indenização dos prejuízos sofridos por aquele que permanece firme no propósito de manter o contrato. As arras acompanham os contratos bilaterais, assim como os definitivos e preliminares, mas sua entrega deverá preceder a execução do acordo.

As arras penitenciais, reguladas pelo Código Civil (art. 1.202), ao mesmo tempo em que permitem a qualquer dos contratantes desligar-se unilateralmente do acordo, constituem também fixação ante-

---
[4] Código Civil Argentino - Lei nº 340, de 29 de setembro de 1869.

cipada dos danos que decorrem do arrependimento. Tal norma, paralelamente, define o destino das arras no caso do arrependimento que elas facultam, quando, então, serão perdidas para quem as deu ou devolvidas em dobro, se o arrependido foi quem as recebeu; informa que as arras serão devolvidas, se o contrato foi cumprido, ou seja, na hipótese de nenhuma das partes contratantes ter invocado a faculdade de arrepender-se. Note-se, finalmente, que o citado artigo, no seu final, refere-se ainda, às arras como parte da prestação, emprestando-lhes, assim, uma outra finalidade.

Quanto às arras confirmatórias, deve-se salientar que, em caso de inexecução contratual, pode a parte lesada optar pela execução do contrato, ou exigir sua resolução com a devida indenização. Saliente-se que, de acordo com Iturraspe (1992), "se os danos não existirem ou forem menores que o valor entregue, deverá devolver-se proporcionalmente o recebido em sinal."

O Código Civil Português[5] também regulou o instituto das arras no seu Livro II - Direito das Obrigações; Título I - Das Obrigações em Geral; Capítulo II - Fontes das Obrigações; Seção I - Contratos; Subsecção VIII - Antecipação do Cumprimento. Sinal.

Perante o sistema português, as arras também constituem a tradição de determinada coisa que um contratante faz ao outro, podendo tal entrega assumir finalidades diversas: ou garantirem o fiel cumprimento do acordo, ou estabelecerem previamente o montante da indenização, ou, então, constituírem

---

[5] Código Civil Português - Decreto-Lei nº 47.344, de 25 de novembro de 1966.

princípio de pagamento. Destinando-se a assegurar a prestação devida, importam na perda do sinal ou na sua restituição em dobro em caso de inadimplemento, quando, então, as partes não podem pleitear ressarcimento dos prejuízos daí decorrentes. As arras funcionam, nessa hipótese, como fixação prévia da indenização. Quando as arras têm função de garantia, uma vez cumprida avença, devem elas ser restituídas, não sendo possível a imputação. (Marques, 1969)

Finalmente, o Código Civil Suíço[6] disciplinou as arras no Livro V - Direito das Obrigações; Título IV - Das modalidades das Obrigações; Seção III - Das arras, do Arrependimento, da Retenção do Salário, da Cláusula Penal. Nessa legislação, as arras têm cunho confirmatório, salvo no caso de estipulação expressa que permita o exercício do direito de arrependimento, quando, então, perdê-las-á o contratante que as tiver dado, ou restituirá em dobro o que as tiver recebido.

1.4. Evolução das arras no direito brasileiro

No Brasil, antes da promulgação do Código Civil[7], aplicava-se, ainda, a legislação portuguesa. Nas Ordenações Filipinas, que, em relação às arras, seguiram o modelo do direito de Justiniano e o modelo francês, tinham elas a função de garantir a execução do contrato. Mas o simples fato de terem sido dadas abria a possibilidade de qualquer das

---

[6] Código Civil Suíço de 10 de dezembro de 1907.

[7] Código Civil Brasileiro - Lei nº 3.071, de 1º de janeiro de 1916.

partes, unilateralmete, arrepender-se. Nessa hipótese, o contratante que as tivesse dado, vinha a perdê-las, e o que as tivesse recebido, ficava obrigado a restituí-las em dobro. Vê-se, pois, que, no período anterior ao Código, permitia-se, sempre, o arrependimento.

O Código Comercial Brasileiro[8], no entanto, no seu art. 218, atribuía às arras a função de confirmação do contrato, não permitindo o arrependimento.

Quando da elaboração do Código Civil, quebrou-se a tradição do direito anterior, inspirado no direito justiniâneo e no direito francês, deixando-se permear a influência do Código Civil Alemão. No Brasil, pois, em princípio, admitem-se as arras com caráter confirmatório, e, por exceção, com caráter penitencial, desde que haja cláusula permitindo expressamente a possibilidade de arrependimento.

Consistem as arras na entrega que um dos contratantes faz ao outro de determinada soma em dinheiro ou de outro bem qualquer, com a finalidade de comprovar a existência do contrato e prevenir o direito de arrependimento, quando, então, se denominam confirmatórias; ou possibilitar a qualquer das partes, ou a uma delas, o direito de retrato, quando se qualificam de penitenciais.

Na sistemática brasileira, as arras constituem cláusula acessória de um contrato, preliminar ou definitivo, e têm caráter real, isto é, configuram-se com a efetiva entrega da coisa que as materializa.

Dadas as conseqüências que a existência das arras pode acarretar, sua perda ou devolução duplicada, caso tenha se configurado inadimplemento ou

---
[8] Código Comercial Brasileiro - Lei nº 556, de 25 de junho de 1850.

simples arrependimento, é fácil perceber que bens fungíveis podem consistir em objeto de entrega. Os bens infungíveis, assim considerados em virtude de suas características, podem constituir as arras, embora não admitam a possibilidade de devolução em dobro. A restituição dobrada do bem infungível que, por consistir em coisa certa, individuada, perfeitamente caracterizada, não pode ser trocado ou substituído por outro, se fará através do seu equivalente. Os bens fungíveis, a seu turno, por serem determinados pelo gênero, qualidade e quantidade, poderão ensejar sua devolução dobrada na mesma espécie.

Saliente-se, complementando, que bem imóvel não poderá ser entregue como arras, conforme decidiu o Tribunal de Justiça de São Paulo[9].

O CCB regula as arras no seu Livro III - Direito das Obrigações; Título IV - Dos Contratos; Capítulo III - Das Arras, nos artigos 1.094 a 1.097.

---

[9] Tribunal de Justiça de São Paulo - 16ª Câmara Civil, ementa oficial: "Bem imóvel não pode ser objeto das arras, mesmo porque a perda da propriedade imobiliária tem previsão legal e exige formalidade não consentânea com a perda das arras..."

Capítulo II

Das arras no Direito contemporâneo brasileiro

2.1. As arras confirmatórias e a forma dos contratos

O art. 1.094 do CCB, que trata das arras confirmatórias, dispõe que "O sinal, ou arras, dado por um dos contratantes, firma a presunção de acordo final e torna obrigatório o contrato."
Assim, a legislação brasileira, à semelhança de outras, dá às arras confirmatórias a função de comprovar a existência de um contrato. Imprescindível, no entanto, para entender-se essa finalidade que as arras assumem, é tratar-se, preliminarmente, da forma e da prova dos contratos.

O contrato, espécie de ato jurídico que é, classifica-se do mesmo modo que esse quanto à forma. A regra geral, contida no art. 1.079 do CCB[10], indica que a manifestação de vontade terá forma livre, salvo quando a lei dispuser em contrário. Por seu turno, o art. 134, II[11] do mesmo código estabelece os casos em que a escritura pública é da substância do ato em relação aos contratos.

---

[10] Art. 1.079 do CCB: "A manifestação de vontade, nos contratos, pode ser tácita, quando a lei não exigir que seja expressa."

[11] Art. 134 do CCB: "É outrossim da substância do ato a escritura pública: - nos contratos constitutivos ou translativos de direitos reais sobre imóveis de valor..."

Embora seja freqüente distinguir a forma *ad probationen* da forma *ad solenitatem*, é indubitável que a prova dos contratos solenes está intimamente ligada à sua forma, o que as torna, assim, indissociáveis, conforme se deduz da leitura do § 1º do art. 134[12] do CCB e do art. 366 do CPC[13], que tratam da prova dos atos jurídicos formais realizados por instrumento público. Por outro lado, a solenidade exigida pela lei para a validade do contrato pode ser a forma escrita tão-somente. O CCB, em relação a este tipo de solenidade, não exarou norma alguma de cunho geral, como o fez em relação aos contratos de forma livre e aos contratos que devam revestir a forma pública, caso a caso. Serve como exemplo o contrato de fiança que, por força do art. 1.483, deve ser realizado por escrito. Nesse caso, o instrumento, público ou particular, não só emprestará validade ao ato jurídico, como lhe servirá de prova.

2.2. As arras e o direito de arrependimento do art. 1.088 do Código Civil Brasileiro

A parte final do art. 1.094 do CCB estabelece que as arras tornam o contrato obrigatório ao dispor que "... firma a presunção de acordo final e torna obrigatório o contrato". À primeira vista, tal disposição pode causar dúvida no sentido de que o

---

[12] § 1º do art. 134 do CCB: "escritura pública, lavrada em notas de tabelião, é documento de fé pública, fazendo prova plena, e, além de outros requisitos previstos em lei especial, deve conter: ..."

[13] Art. 366 do CPC: "Quando a lei exigir, como da substância do ato, o instrumento público, nenhuma outra prova, por mais especial que seja, pode suprir-lhe a falta."

contrato celebrado sem arras confirmatórias não seja obrigatório.

Ora, sabe-se sem qualquer resquício de dúvida, que o contrato, uma vez celebrado, obriga de per si, sem a necessidade de qualquer outro *plus*, nem mesmo de arras, para que vincule irremediavelmente as partes contratantes, de tal sorte que o devedor fica adstrito a dar, fazer ou não fazer alguma coisa em favor do credor, sob pena de execução compulsória. *Pacta sunt servanda.*

Sendo assim, permanece a dúvida suscitada pela parte final do art. 1.094 e traduzida com precisão por Lopes (1964): "Como se compreender a necessidade das arras para um efeito já produzido?"

Inarrável a necessidade de analisar o art. 1.094 à luz do art. 1.088 do CCB, que trata do direito de arrependimento nos contratos preliminares, a fim de que seu sentido reste esclarecido e se compreenda uma das finalidades das arras confirmatórias, qual seja a de prevenir o direito de retrato.

Diz o mencionado art. 1.088: "Quando o instrumento público for exigido como prova do contrato, qualquer das partes pode arrepender-se, antes de o assinar, ressarcindo à outra as perdas e danos resultantes do arrependimento, sem prejuízo do estatuído nos arts. 1.095 a 1.097."

Por primeiro, saliente-se o equívoco cometido na redação do citado dispositivo: o instrumento público é exigido não como prova, mas como da essência do próprio ato.

Por outro lado, como já foi destacado acima, há contratos que, por força de mandamento legal, devem ser celebrados por instrumento público. Ora, se os contratantes, antes de cumprirem a formalidade imposta pela lei, podem arrepender-se, é porque entre eles já há um acordo que lhes impõe a obrigação de fazer, no futuro, um contrato pelo referido instrumento. Essa avença é o contrato preliminar, em que as partes se comprometem a outorgar, futuramente, uma escritura definitiva. Permite a lei, nessa hipótese, o direito de arrependimento. Como é fácil perceber, há, aqui, uma regra de caráter excepcional. O contrato, que normalmente constrange as partes a realizar o pactuado, pode vir a ser descumprido, se invocada a regra do art. 1.088. Essa regra, no entanto, é imperioso salientar, só tem aplicação nos contratos preliminares seguidos por um contrato definitivo; não há como invocar a faculdade de retrato que o aludido artigo prevê. As arras confirmatórias têm, assim, uma das suas finalidades, a preventiva, estreitamente vinculada ao direito que o art. 1.088 disciplina: o de arrependimento.

2.3. Função das arras confirmatórias

2.3.1. Função comprobatória

As arras confirmatórias revestem função de prova da conclusão do acordo em relação àqueles contratos que têm forma livre. A tradição de certo objeto ou certa soma de dinheiro de um contratante ao outro, exterioriza, torna visível o ajuste das vontades, justificando, assim, a finalidade de prova que as arras confirmatórias podem assumir.

Em relação aos contratos realizados por instrumento público, porque ele é da essência do ato, a própria solenidade lhe serve de prova, sendo que lei, nesse caso, não admite nenhum outro meio probatório, nessa hipótese, não são só perfeitamente dispensáveis, como mesmo injustificadas.

Quanto ao contrato celebrado por instrumento particular, igualmente, a prova do acordo se faz através do próprio instrumento, não havendo, pois, justificativa para outorga de arras com função comprobatória.

Inescondível, assim, a relação entre a forma dos contratos e a função comprobatória das arras.

2.3.2. Função preventiva

As arras confirmatórias têm, no direito brasileiro, além da função comprobatória, função preventiva, ou seja, de prevenir, de impedir, de obstar, de excluir o direito de arrependimento que o art. 1.088 faculta. Celebrado o contrato preliminar com arras confirmatórias, nenhuma das partes contratantes pode se furtar a celebrar o definitivo, invocando o art. 1.088, sob pena de se configurar inadimplemento contratual. (Almeida *apud* Lopes, 1964)

As arras confirmatórias, pois, além de comprovarem a existência de um contrato, ilidem a faculdade de retrato que o art. 1.088 propicia.

A regra geral é que o contrato tem força obrigatória por si mesmo, hajam os contraentes estipulado arras confirmatórias ou não. Portanto, não é a existência de arras que torna o contrato obrigatório. Para que as partes que se envolvem num contrato se submetam aos efeitos da avença, não há necessidade de qualquer tipo de estipulação, eis que o acordo, fonte de obrigação que é, vincula devedor e credor de modo a cumprirem o estabelecido pela declaração de vontade que emitiram. Por outro lado, a possibilidade de retratação unilateral constitui exceção e, por isso, deve ser permitida ou pela lei (art. 1.088) ou pelas partes (art. 1.095).

Observe-se que legislações como a italiana dão às arras confirmatórias não a finalidade de tornar o contrato obrigatório, o que ele já é por si, mas, sim, função comprobatória, objetivando, também estipulação de pena para o caso de inadimplemento: perda do sinal ou devolução em dobro. No mesmo sentido, a legislação alemã: as arras assumem papel confirmatório do contrato e de indenização para o caso de seu inadimplemento.

Percebe-se que o CCB acrescentou a expressão "torna obrigatório" à norma que regula as arras confirmatórias. Essa expressão não tem similar nas legislações estrangeiras examinadas.

Justifica Santos (1951) a existência dessa declaração legal, dizendo que o fato de o contrato estipular arras não dá aos pactuantes a faculdade de rescindir o contrato, optando por perdê-las quem as deu, ou por devolvê-las em dobro quem as recebeu. Por isso, o emprego da expressão "obrigatório". Obviamente, as arras confirmatórias não oportunizam essa alternativa. O contrato é obrigatório por si mesmo, repita-se, e deve ser fielmente cumprido. Em caso de inadimplemento, elas funcionarão como pena pelo incumprimento. Nesse sentido, perfeita é a lição de Scialoja:

> "As arras constituem aquilo que se dá antecipadamente na conclusão do contrato; como uma cautela para o ressarcimento do dano em caso de inadimplemento da convenção... A conven-

ção é perfeita e irrescindível ainda que feita com arras."

Leciona, ainda, o ilustre jurista Santos (1951):

"... b) o ajuste é celebrado com entrega de sinal ou arras, hipótese em que passa a revestir-se do caráter do próprio contrato definitivo porque, nos termos do art. 1.094, o 'sinal, ou arras, dado por um dos contraentes, firma a presunção de acordo final e *torna obrigatório o contrato*,' devendo, portanto cessar o direito de arrependimento, se não foi feita nenhuma reserva nesse sentido." (grifos nossos)

O sinal confirmatório, portanto, reveste funções probatória e preventiva, pois o contrato obriga sempre, celebrado ou não com arras, salvo as exceções legais. Se realizado com arras confirmatórias, o não-cumprimento da obrigação implica inadimplemento que, segundo Silva (1973), significa "não-cumprimento ou a não-satisfação daquilo a que se está obrigado, dentro do prazo convencionado."

2.3.3. Função de princípios de pagamento

As arras previstas pelo art. 1.094, além das funções confirmatória e preventiva, podem também revestir outra finalidade: a de princípio de pagamento, conforme o art. 1.096 do CCB que estipula: "Salvo estipulação em contrário, as arras em dinheiro consideram-se princípio de pagamento. Fora esse caso, devem ser restituídas, quando o contrato for concluído ou ficar desfeito."

A redação do artigo supracitado, no entanto, é defeituosa. De acordo com Monteiro (1962), dupla censura pode ser argüida a respeito do art. 1.096, porque, por primeiro, se o objeto da prestação constitui coisa fungível que não dinheiro e parte dele foi entregue, não há por que não considerá-lo integrante do pagamento. Em segundo lugar, porque na regra usou-se a expressão "concluído" quando, na verdade, dever-se-ia expressar "executado", "cumprido".

No mesmo sentido, Santos (1951), ao afirmar que "o texto legal restringe por demais a regra, quando deveria ampliá-la, admitindo como princípio de pagamento as arras dadas, mesmo que consistentes em qualquer coisa fungível". Ou ainda ao lecionar que: "O Código fez uma distinção injustificada, tratando diversamente as arras em dinheiro e as arras que consistem em coisa fungível." (Santos, 1951)

Realmente, não há razão que justifique o fato de não poderem coisas fungíveis que não dinheiro, dadas a título de arras, consistirem em princípio de pagamento. Se o objeto entregue a título de arras é bem fungível, idêntico em gênero e qualidade ao bem objeto do pagamento, não há por que não aceitá-lo como integrante da prestação. Tal não poderia ocorrer se a coisa entregue à guisa de arras fosse um bem fungível de determinada espécie, e o objeto da prestação envolvesse bem fungível diverso, pois o credor não pode ser compelido a receber, como pagamento, coisa diversa da pactuada. Mas, desde que as arras e o objeto da prestação tenham idêntica natureza, não há o que explique a restrição do art. 1.096.

2.3.4. Função de pena e antecipação da indenização pelo inadimplemento

Finalmente, uma outra finalidade pode ser atribuída às arras confirmatórias: a de penalidade pelo inadimplemento contratual, que vem prevista no art. 1.097 do CCB[14]. Dadas as arras, comprovada está a existência do contrato com toda sua força obrigatória, e excluída a possibilidade de retrato. Assim sendo, aquele que se recusar a cumprir o que lhe é imposto pelo vínculo obrigacional, será considerado inadimplente, suportando, *ipso facto*, todas as conseqüências que a inexecução voluntária acarreta. Caracterizado, pois, o inadimplemento, o culpado indenizará os danos causados. Por isso, o sinal pode ser visto simultaneamente como pena e como antecipação da indenização. Essa a posição de Ruggiero (1973) ao dizer que "... o sinal não é senão o que se deu por conta da indenização."

No entanto, essa função de antecipar a indenização não é exclusiva das arras confirmatórias, podendo as arras penitenciais assumir a mesma finalidade, como se demonstrará adiante.

2.4. Destino das arras confirmatórias

2.4.1. Hipótese de cumprimento do contrato

Celebrado o contrato com arras confirmatórias, se ele foi executado, ou seja, se as partes contratan-

---

[14] Art. 1.097 do CCB: "Se o que deu arras der causa a se impossibilitar a prestação, ou a se rescindir o contrato, perdê-las-á em benefício do outro."

tes obedeceram aos termos da avença, cabe, para determinar o destino do sinal, fazer um desdobramento:

a) *Se as arras dadas constituem princípio de pagamento* - nesse caso, integram a prestação, pertencendo, assim, ao que as recebeu.

b) *Se as arras dadas não constituem princípio de pagamento* - nessa hipótese, devem ser singelamente restituídas, uma vez executado o contrato. Se o objeto das arras consistir em dinheiro, sua devolução se fará com correção monetária. E isso porque o contratante que recebe as arras assume obrigação de restituir, sendo essa uma dívida de valor. A devolução singela do sinal, sem correção monetária, representaria um lucro injustificável para o que o recebeu, principalmente em épocas de inflação desenfreada. E consistiria numa perda injusta para o contratante fiel, que vê ser-lhe devolvida a mesma quantia que entregara, agora defasada pela passagem do tempo e pelos efeitos corrosivos da inflação. Nesse sentido, já decidiu o Tribunal de Alçada Civil de São Paulo[15].

2.4.2. Hipótese de inexecução culposa do contrato

Se houve inexecução culposa do contrato, configurando-se o inadimplemento, abrem-se para o contratante fiel duas alternativas: executar o contrato ou pedir a sua rescisão.

---

[15] 1º Tribunal de Alçada Civil de São Paulo: Terceiro Grupo de Câmaras: ementa oficial: "Com a simples devolução do sinal, sem correção, lucra indevidamente o compromissário inadimplente, em prejuízo do comprador, que receberia de volta dinheiro desvalorizado. Com a devolução do sinal corrigido, nada mais faz o devedor que devolver o devido ao seu dono."

a) *Se o contratante fiel optar pela execução do contrato* - nessa hipótese, tem aplicação o disposto no art. 639 do CPC[16]. Evidencie-se, aqui, a exigência do mencionado artigo de que a prestação não se tenha tornado impossível, quando, então, não há outra saída a não ser a rescisão do contrato. Novamente, impõem-se analisar se as arras dadas constituem princípio de pagamento ou não.

Se as arras dadas constituem princípio de pagamento - nesse caso, o sinal imputa-se na prestação devida. O contratante fiel recebe, em conseqüência, o que lhe é devido. Tem, no entanto, direito de ser indenizado dos danos sofridos por força do que estabelece o art. 1.056 do CCB[17]. É de se evidenciar que, desse modo, se restabelece o equilíbrio rompido. O credor recebe a prestação prevista e é indenizado dos prejuízos que sofreu. O devedor realiza, ainda que compulsoriamente, a prestação e ressarce o dano causado. Novamente, se impõe a lição de Ruggiero (1973): "Se a parte que não deixou de cumprir age pela execução, tem direito a toda indenização."

Se as arras dadas não constituem princípio de pagamento - nesse caso, as arras imputam-se na indenização devida. Também aqui recupera-se o equilíbrio perdido. O credor recebe o avençado e ainda mais o ressarcimento pelos prejuízos que sofreu com incumprimento. O devedor entrega o que lhe era exigido e repara o dano que causou.

---

[16] Art. 639 do CPC: "Se aquele que se comprometeu a concluir um contrato não cumprir a obrigação, a outra parte, sendo isso possível e não excluído pelo título, poderá obter uma sentença que produza o mesmo efeito do contrato a ser firmado."

[17] Art. 1.056 do CCB: "Não cumprindo a obrigação, ou deixando de cumpri-la pelo modo no tempo devido, responde o devedor por perdas e danos."

b) *Se o contratante fiel optar pela rescisão do contrato* - nessa hipótese, as arras serão, além de pena pelo incumprimento, antecipação da indenização, aplicando-se o art. 1.097 do CCB.

Se o faltoso for quem deu arras - nesse caso, perdê-las-á em favor do outro. A parte que se manteve firme no contrato retém as arras recebidas como antecipação da indenização pela infidelidade da outra. Não há, aqui, que fazer prova do dano. O simples fato da inexecução culposa autoriza que ele as retenha. É a imposição da pena. No entanto, se os prejuízos suportados foram superiores ao valor das arras, cabe pedir indenização com fulcro no art. 1.056, só que, agora, comprovando a extensão do dano.

Não se trata, no caso, como quer Mendonça (*apud* Santos, 1951), de transmudar as arras confirmatórias em penitenciais. Quem se arrepende não pratica ilícito algum, de modo que, sendo a perda do sinal nas arras penitenciais uma satisfação, como será demonstrado adiante, não cabe sua cumulação com perdas e danos. Por outro lado, quem é inadimplente comete ilícito contratual. Ora, o princípio norteador da responsabilidade civil enfatiza: para que a indenização tenha lugar, é mister que se comprovem a existência e a extensão do dano. Aliás, sem dano, não haverá indenização. Ora, ao estipularem as arras confirmatórias, as partes já lhe deram cunho de liquidação antecipada dos danos. Ou seja, partiram da presunção de que, em se verificando inadimplemento, haveria, necessariamente, prejuízo. Eis por que, repita-se, as arras confirmatórias têm função de pena e de antecipação da indenização. A parte fiel, ocorrendo o incumprimento da avença, já tem assegurado seu ressarcimento, independentemente de qualquer prova. Outro princípio orientador da responsabilidade civil determina que a indenização ressarcirá por completo o lesado. Não deve a indenização ser superior à lesão, mas também não deve ser inferior. Ora, se permitido fosse que a vítima do inadimplemento retivesse as arras e ainda pedisse indenização total dos prejuízos, sem que aí se computasse o valor do sinal, teria esse contratante vantagem manifesta. Ou seja, lucraria ele com o inadimplemento do outro. E isso não deve ser tolerado. A indenização deve ser justa, quer dizer, nem a mais nem a menos do que o devido, sob pena de se verificar enriquecimento injustificado no segundo.

Nesse sentido, decidiu o Tribunal de Justiça do Rio Grande do Sul[18].

Se o faltoso for quem recebeu as arras - na hipótese em que o inadimplente foi quem recebeu as arras, escolhendo o outro contratante rescindir o acordo, paira alguma dúvida a respeito da norma a ser aplicada, pois o art. 1.097 do CCB prevê solução para o caso de o faltoso ser aquele que dá as arras. Mas é omisso em relação ao que as recebe. Nesse particular, há dissídio na doutrina pátria.

Rodrigues (1975) assevera que: "Se inadimplente for o contratante que recebeu o sinal, pode o outro ou reclamar indenização pelo prejuízo que provar ter sofrido, ou pleitear apenas a devolução em dobro das arras."

---

[18] Tribunal de Justiça do Rio Grande do Sul: 2ª Câmara Civil: ementa oficial: "Arras confirmatórias. Cumulação de perdas e danos (Arts. 1.056 e 1.097 do CCB). Medida justa. É justa a r. Sentença em estabelecer a perda das arras e ainda das parcelas pagas a título de indenização, equivalentes ao uso limitado do bem, sem evidência de outros prejuízos."

Já Monteiro (1962) coloca que: "E se a impossibilidade for provocada por quem as recebe? O Código silencia, mas, diante da omissão, força que se aplique o art. 1.056, segundo o qual ele responderá por perdas e danos."

Nesse mesmo sentido, Santos (1951) observa que: "O Código omitiu esta hipótese, mas, de acordo com os princípios gerais consubstanciados no art. 1.056, a solução deve ser esta: restituirá as arras recebidas, porque o contrato está desfeito (art. 1.096), sem prejuízo da indenização das perdas e danos a que está obrigado."

Para que se possa chegar a um entendimento a respeito dessa questão que se revela controvertida, há necessidade de frisar que as arras confirmatórias assumem, além da função de pena, também o papel de prefixação do montante do ressarcimento, sendo uma antecipação das perdas e danos.

Ora, se há uma penalidade prevista para o caso de incumprimento, o que o faz o art. 1.097 do CCB apenas para o contratante que deu as arras, penalidade idêntica deve ser atribuída ao contratante que as recebeu, sob pena de tratar-se modo diverso o fato advindo da mesma causa: o inadimplemento. Outro detalhe merece destaque: o contratante que dá as arras já conhece de antemão a que estará sujeito, se não cumprir com sua obrigação: a perda do sinal. O contratante que recebe as arras, ao contrário, desconhece a pena que lhe será imposta, se descumprir o avençado. Como se pode constatar, há, na lei, um descompasso: uma pessoa, quando contrata, já conhece previamente todas as decorrências daquele ajuste. O outro contratante, não. Se o contrato é acordo de vontades que cria, modifica ou extingue direitos, as obrigações devem ficar claramente estabelecidas para ambas as partes, e não para uma delas somente.

Pelo que foi exposto, a parte que recebeu as arras, se inadimplente for, deverá restituí-las e fazê-lo em dobro. Pois, se a devolução se fizer de modo simples, o contratante faltoso estará apenas devolvendo aquilo que ao outro pertencia, não se vislumbrando, aí, nenhuma pena. Esta se fará com a entrega do valor recebido a título de sinal mais uma parcela igual. Neste ponto, então, igualam-se as obrigações dos contratantes para a hipótese de inexecução. Portanto, se for admitido que o contratante que deu o sinal venha a perdê-lo e ainda possa responder, cumulativamente, por perdas e danos, desde que comprovado o prejuízo, o mesmo raciocínio deve prevalecer em relação ao que o recebeu.

Para melhor compreensão do que foi afirmado, cabe exemplificar. Num contrato preliminar de compra e venda, R$ 1.500,00 foram entregues a título de arras confirmatórias. O inadimplemento da parte que as recebeu enseja rescisão do contrato promovida pelo contratante fiel. O faltoso, em decorrência, restituirá ao outro os R$ 1.500,00 que recebeu a título de sinal. E isso porque, sendo as arras complemento do contrato, uma vez extinto ele pela rescisão, voltam as partes ao *status quo ante*. Falecendo o contrato, não sobrevive o sinal, posto que acessório daquele, devendo ser devolvido ao que o entregou, quando da celebração da avença. O faltoso, ainda, entregará ao contratante cumpridor mais R$ 1.500,00 a título de pena pela inexecução culposa, já que as arras têm a função de prefixação do dano, à semelhança da cláusula penal. O princípio segundo o qual a reparação do dano deve ser integral autoriza o contratante fiel a exigir indenização, se o valor da penalidade não for suficiente para cobrir o prejuízo que sofreu. Portanto, comprovando ele que experimentou um dano de R$ 2.500,00 com o inadimplemento, o faltoso fica obrigado, ainda a entregar a quantia de R$ 1.000,00; pois, do montante da indenização deduz-se o valor da penalidade que as arras representam (R$ 2.500,00 - R$ 1.500,00 = R$ 1.000,00). Dessa forma, há um equilíbrio na prestação de cada contratante para a hipótese de inexecução culposa do contrato. Saberão eles, antecipadamente, ao ajustar suas vontades, materializadas no contrato, as conseqüências que advirão do seu inadimplemento.

Aliás, essa é a solução apontada pelo Projeto de Código Civil[19] nos arts. 418 e 419 a seguir transcritos:

> "art. 418: Se a parte que deu as arras não executar o contrato, poderá a outra parte havê-lo por desfeito, retendo-as; se a inexecução for de quem recebeu as arras, poderá quem as deu haver o contrato por desfeito, e exigir sua devolução, mais o equivalente, com correção monetária, juros e honorários de advogado.
>
> art. 419: A parte inocente pode pedir indenização suplementar, se provar maior prejuízo, valendo as arras como taxa mínima. Pode, também, a parte inocente exigir a execução do contrato, com as perdas e danos, valendo as arras como o mínimo da indenização."

---

[19] Projeto de Código Civil Brasileiro - Projeto de Lei nº 634-B, de 1975, p. 23.

2.4.3. Descumprimento do contrato devido a caso fortuito ou força maior

Nessa hipótese, por não se verificar culpa de qualquer dos contratantes, as arras devem ser devolvidas de modo singelo àquele que as entregou, quando da realização do ajuste.

2.4.4. Vínculo contratual desfeito por mútuo acordo

Também nesse cabe a devolução simples do sinal, eis que não se configura inadimplemento.

Capítulo III

Das arras
Penitenciais no direito brasileiro

3.1. Função das arras penitenciais

Ao lado das arras confirmatórias, que têm como finalidades principais comprovar a existência de um contrato e afastar o direito de arrependimento, admite a legislação brasileira, com caráter excepcional, as arras penitenciais previstas pelo já referido art. 1.085 do CCB.

O arrependimento, conforme leciona Silva (1973):

> "Se diz da ação do contratante que retira seu consentimento ao contrato ajustado ou negócio combinado, antes de efetivamente executado ou de realizá-lo, ou de assinar o competente instrumento de contrato que o materializará."

Para que se tenha arras com caráter penitencial, não basta que um contratante entregue ao outro certa coisa ou certa soma em dinheiro a título de sinal. É necessário que o contrato estipule expressamente a faculdade de arrependimento. Ausente a permissão para o retrato, as arras serão confirmatórias, pois esta é a presunção da lei. Conforme leciona Miranda (1959):

> "... se houve arras, têm-se como confirmatórias e sem efeito de alternativa, execução do contrato ou perda das arras dadas. Tal alternativa somente pode resultar de estipulação dos acor-

dantes, a que então nasce, segundo o art. 1.095, 1ª parte, direito de arrependimento (= eliminação da obrigação que se originou do pré-contrato ou do contrato confirmado)".

Essa orientação foi assumida pelo egrégio Tribunal de Justiça do Rio Grande do Sul[20].

3.1.1. Função alternativa

Como já foi exaustivamente examinado acima, o contrato é fonte de obrigação e, como tal, submete as partes contratantes a cumprir o que estipularam. No entanto, por inúmeras razões, podem as partes, ao invés de fortalecer o vínculo contratual, enfraquecê-lo através da convenção expressa de arras penitenciais, ou seja, os parceiros, deliberadamente, decidem permitir que qualquer deles volte atrás na vontade já declarada. Em outras palavras, reservam-se os pactuantes o direito de não cumprir com a obrigação estabelecida. Em decorrência das arras penitenciais, abrem-se para os contraentes duas alternativas: cumprirem ou não cumprirem com o acordado. Não se trata, como poderia parecer à primeira vista, de obrigação alternativa, onde o devedor deve prestar ou isto ou aquilo. A obrigação alternativa não oferece escolha entre executar ou não executar a prestação estabelecida. Aqui nas arras penitenciais as alternativas são diversas: cumprir ou não cumprir

---

[20] Tribunal de Justiça do Rio Grande do Sul, 4ª Câmara Civil: ementa oficial: "Arras. A regra é serem confirmatórias: as penitenciais são exceção que há de ser expressamente estipulada. É princípio que vem do Direito Romano e se reproduz nos arts. 1.094 e 1.095 no nosso CCB. Interpretação de cláusulas contratuais."

a prestação preestabelecida. As arras penitenciais, pois, ensejam que o contratante arrependido não realize o que prometeu, sem que isso caracterize ilícito contratual.

3.1.2. Função de compensação

As arras penitenciais, como já foi esclarecido, estabelecem para os contratantes uma alternativa: cumprir o contrato ou dele se retratar. Os contratantes, quando ajustam suas vontades, têm a intenção de adimplir o acordo celebrado. Não fora assim, não contratariam. O que acontece, quando se estipulam arras penitenciais, é que as partes contratantes, deliberadamente, se sujeitam a um risco: a de o contrato deixar de ser cumprido como fora previsto. Ou seja, aquela intenção inicial de cumprir integralmente o acordo pode se frustrar pelo exercício do arrependimento. E o contratante arrependido, que não pode ser caracterizado como inadimplente, oferecerá ao outro, que permaneceu fiel à avença, uma compensação pela frustração provocada: a perda das arras ou a sua restituição em dobro. Não se pode vislumbrar, na 2ª parte do art. 1.095 (perda do sinal ou sua restituição em dobro), qualquer traço de pena ou de castigo, pois a parte arrependida, ao efetuar sua escolha em não cumprir a avença, agiu nos estritos limites do acordo. É necessário recordar que a responsabilidade contratual resulta da ofensa, da violação do ajuste celebrado. Quando, no entanto, o contratante se arrepende, ele o faz com base num ato jurídico, o contrato, que não pode acarretar conseqüência própria do ato ilícito: o dever de indenizar. Saliente-se que, segundo princípio geral e basilar da responsabilidade civil, sem culpa não haverá indenização. O contratante que se retrata, é forçoso repetir, não comete ato ilícito ao fazê-lo. A perda do sinal ou sua devolução em dobro significa, pois, uma compensação, uma satisfação previamente acordada que o contratante arrependido efetua em prol daquele que, atingido pelos efeitos do retrato, vê o acordo ser descumprido, frustrando-se, assim. A presença de arras penitenciais, percebe-se claramente, não ilide os princípios básicos do direito contratual, quais sejam o da obrigatoriedade e o da boa-fé. Apenas enfraquece o vínculo jurídico na medida em que descortina aos contratantes uma alternativa excepcional, incomum, num sistema em que o contrato é obrigatório: o de cumprir a obrigação ou deixar de cumpri-la, perdendo o sinal, em conseqüência, ou devolvendo-o em dobro. Nessa ótica, que considera que o sinal tem caráter satisfativo, equivocou-se o Projeto de Código Civil quando, no seu art. 420[21], estabelece que as arras penitenciais têm caráter indenizatório.

Entenda-se que o exercício do direito de arrependimento que as arras facultam não resolve o contrato. A prestação é que se transmuda. O arrependido, ao invés de ofertar ao seu parceiro a prestação que lhe incumbia, perderá em favor dele o

---

[21] Art. 420 do Projeto de Lei do Código Civil Brasileiro: "Se no contrato for estipulado o direito de arrependimento para qualquer das partes, as arras ou sinal terão função unicamente indenizatória. Neste caso, quem as deu perdê-las-á, em benefício da outra parte; e quem as recebeu devolvê-las-á, mais o equivalente. Em ambos os casos não haverá direito à indenização suplementar."

sinal já entregue, ou o restituirá em dobro. Com razão está Iturraspe (1992) quando afirma que:

"... o arrependimento de qualquer das partes que o sinal ou arras permite não deve incluir-se entre as causas de resolução... O arrependimento diferentemente da condição, é opcional - as partes podem arrepender-se ou bem cumprir ou deixar de cumprir o contrato."

Portanto, em havendo exercício da faculdade de arrependimento, o contrato subsiste, alterando-se tão-somente a prestação que se consubstancia na perda ou devolução dobrada do sinal.

Nesse sentido, decidiu o 2º Tribunal de Alçada Civil de São Paulo[22].

3.1.3. Função de antecipação de pagamento

Como já foi adiantado acima, a presença de arras penitenciais não significa que o contrato vá ser descumprido. A boa-fé dos contratantes faz presumir que o contrato será executado integralmente. Se isso acontecer, ou seja, se o direito de arrependimento não for invocado pelas partes, nada obsta que aquilo que foi entregue a título de sinal seja imputado no pagamento. Tal não acontecerá, se as partes assim o deliberarem ou se o objeto das arras for diverso do objeto da prestação.

---

[22] 2º Tribunal de Alçada Civil de São Paulo: ementa oficial: "Qual o direito de arrependimento é exercitado ocorre a execução do contrato, embora pela forma alternativa da devolução das arras..."

3.1.4. Função de antecipação de indenização

As arras penitenciais facultam às partes contratantes a possibilidade de retroceder no acordo celebrado. O arrependimento, lícito porque decorrente de um ato jurídico, o contrato, não gera, por isso, qualquer tipo de sanção. Pode ocorrer, no entanto, que arras tenham sido entregues, estipulando-se expressamente o direito de arrependimento. Se nenhum dos contratantes invoca tal faculdade em tempo hábil, preclui o direito de arrependimento. Qualquer recusa posterior, no sentido de cumprir o avençado, caracterizará o inadimplemento contratual. Nessa hipótese, o sinal dado constitui antecipação do ressarcimento a que tem direito o contratante lesado pelo incumprimento do outro.

3.2. Exercício do direito de arrependimento: oportunidade

Entregue o sinal e previsto no contrato o direito de arrependimento, ficam as partes livres para escolher entre o cumprimento da avença e a faculdade de retroceder na obrigação assumida. Tal possibilidade, no entanto, não poderá durar indefinidamente. Haverá um momento em que a opção deverá ser feita. Se o contrato prevê um prazo para o exercício do arrependimento, esgotado este sem a retratação, está precluso tal direito. A partir daí, qualquer recusa a executar o combinado caracteriza o inadimplemento. Se, no entanto, o contrato é omisso a respeito de prazo, entende-se que o direito de arrependimento deverá ser exercido até o momento em que ele é executado. Seguem essa orientação o Tribunal de Justiça de São Paulo[23] e o 1º Tribunal de Alçada Cível de São Paulo[24].

Vê-se, pois, que iniciado o cumprimento da avença, não mais é possível o arrependimento, eis que o contrato se encontra em plena fase de execução. Daí que, qualquer retrocesso em oferecer a prestação devida configura inadimplemento contratual, com reflexos imediatos no destino das arras.

3.2.1. Caso de cumprimento do acordo

Na hipótese de nenhum dos contratantes exercer o direito de arrependimento permitido pelas arras, cabe distinguir:

a) *Se as arras constituem princípio de pagamento:* nesse caso, as arras são imputadas na prestação devida.

b) *Se as arras não constituem princípio de pagamento:* nessa hipótese, devem elas ser devolvidas àquele que as deu, monetariamente corrigidas, se se constituírem em dinheiro, conforme foi explicado anteriormente.

---

[23] Tribunal de Justiça Civil de São Paulo: 11ª Câmara Civil: ementa oficial: "Havendo estipulação de arras penitenciais, o direito de arrependimento deve ser exercido até o início da execução do contrato. Iniciada a execução por qualquer ato inequívoco de cumprimento contratual há renúncia ao direito de arrepender-se e as arras convertem-se em princípio de pagamento."

[24] 1º Tribunal de Alçada Civil de São Paulo: ementa oficial: "O direito de arrependimento só é exercitável em situações jurídicas com ele compatíveis: haver sido pactuado em contrato e ser exercido em prazo certo ou, na falta deste, antes da execução do contrato, sob pena de ser havido como tacitamente renunciado."

3.2.2. Caso do exercício do direito de arrependimento

Aqui, como o desdizer-se foi expressamente autorizado pelo contrato, não pode o parceiro fiel executar o contrato, pois não se configura inadimplemento contratual.

Theodoro Jr. (1991), complementando o art. 639 do CPC, assim se expressa:

"Logo é claro que se o compromisso prevê a possibilidade de arrependimento, é o próprio título do promissário que exclui a possibilidade jurídica da execução *in natura* do contrato."

Convém esclarecer que não cabe execução do contrato quer seja ele preliminar, quer seja ele definitivo, pois, no caso, houve simples arrependimento, e não inadimplemento. Urge, pois, repita-se, não confundir inadimplemento com arrependimento, cujas conseqüências jurídicas são diversas. Se o contratante está exercendo um direito, o de não oferecer a prestação combinada, não há como obrigá-lo, ainda que judicialmente, a efetuá-la. Sendo assim, se o contratante que se arrepende for o que deu as arras, irá perdê-las, dado o seu caráter compensatório. Se for o que as recebeu, deverá restitui-las em dobro. Ou seja, devolverá aquilo que recebeu mais o equivalente, a título de satisfação, por ter frustrado o parceiro não cumprir o combinado.

É mister ressaltar que, em havendo arrependimento, não cabe ao contratante que se manteve firme na avença exigir reparação por perdas e danos. E isso por uma razão muito simples, já dissecada anteriormente: quem se arrepende, invocando cláusula contratual permissiva, não comete ilícito.

Caberia pedido de ressarcimento, se o contrato fosse violado, descumprido ou, em outras palavras, se se configurasse inadimplemento. Mas o arrependimento, por ser pactuado, consentido, constitui manifestação de vontade lícita do contratante que o pratica. Assim sendo, do arrependimento não exsurge a obrigação de indenizar.

Nesse sentido, o enunciado da Súmula 412 do Supremo Tribunal Federal[25].

No entanto, se as partes convencionaram que, além da perda ou restituição em dobro, o arrependido ainda responderá por perdas e danos, tal manifestação deve ser respeitada, eis que o art. 1.095, de ordem privada, é supletivo da vontade das partes. Assim decidiu o Tribunal de Justiça de São Paulo[26].

3.2.3. Caso de inadimplemento contratual

Pode ocorrer que, celebrado o contrato, ajustando expressamente o direito de arrependimento com a entrega das arras, nenhuma das partes pactuantes volte atrás na palavra empenhada, invocando a faculdade de retrato em tempo hábil. Daí decorre que, se esgotado o prazo para o exercício do retrato

---

[25] Supremo Tribunal Federal: Súmula 412: ementa oficial: "Compromisso de compra e venda. Devolução das Arras. Perdas e danos. No compromisso de compra e venda com cláusula de arrependimento, a devolução do sinal por quem o deu, ou sua restituição em dobro por quem o recebeu, exclui indenização maior a título de perdas e danos, salvo os juros moratórios e os encargos do processo."

[26] Tribunal de Justiça Civil de São Paulo: Segundo Grupo de Câmaras Reunidas: ementa oficial: "Arras. O disposto no Art. 1.095 do Código Civil não é imperativo, mas supletivo da vontade das partes. Assim, é permitida a convenção do pagamento das perdas e danos, além da devolução do sinal em dobro, respeitados os limites do Art. 920 do CCB."

ou iniciada a execução da avença, preclui o direito de arrependimento que as arras penitenciais facultam. Em conseqüência, qualquer recusa em cumprir o pactuado configurará não mais em arrependimento, e sim inadimplemento contratual. Nessa hipótese, tem aplicação o art. 1.097 do CCB, que regula, justamente, o destino das arras em caso de inadimplemento.

Sendo assim, se o inadimplente for quem as deu, perdê-las-á em favor do outro. Se, ao contrário, for quem as recebeu, efetuará a devolução do recebido mais o equivalente, conforme explicado anteriormente.

Se, no entanto, a perda das arras ou sua devolução dobrada for insuficiente para reparar os prejuízos sofridos pelo contratante fiel face ao inadimplemento do outro, caberá o pedido de indenização, atendendo-se ao princípio segundo o qual, em havendo inexecução culposa, deve a lesão ser totalmente reparada. Essa a orientação abraçada pelo Projeto do Código Civil delineada nos arts. 418 e 419, ambos anteriormente examinados.

3.2.4. Caso de impossibilidade da prestação

A inexecução contratual pode advir de culpa dos contratantes ou de fatos alheios à sua vontade, sendo diversas as conseqüências jurídicas num e noutro caso. Celebrado o contrato com arras penitenciais, estipulando de modo inequívoco o direito de retrato, se a prestação não puder ser executada em virtude de impossibilidade estranha à vontade dos contraentes, não há que se falar nem em arrependimento nem em inadimplemento, que supõem, ambos, intervenção da vontade. Na espécie, ocorrerá a resolução do contrato com a volta das partes acordantes à situação em que se encontravam antes de celebrada a avença, com a devolução simples do sinal que, por ter caráter acessório, segue o destino do principal.

Extinto o contrato por que se impossibilitou a prestação por fato superveniente alheio à vontade dos parceiros, restitui-se singelamente o sinal. Assim o pronunciamento do Tribunal de Alçada do Estado do Rio de Janeiro[27].

É de bom alvitre salientar que, sempre que se configurar obrigação de restituir, tal devolução se fará com correção monetária, segundo orientação majoritária de nossos pretórios, a exemplo do que decidiu o Tribunal de Justiça do Rio Grande do Sul[28]

---

[27] 1º Tribunal de Alçada do Estado do Rio de Janeiro: 4ª Câmara Civil: ementa oficial: "Promessa de compra e venda. Rescisão. Impossibilidade de cumprimento de cláusula contratual. Incorrência de culpa. Devolução do sinal e das prestações recebidas. Correção monetária. Rescisão de promessa de compra e venda de imóvel. Impossibilidade de cumprimento de cláusula contratual. Restituição das partes à situação anterior, uma vez que não houve culpa dos contratantes."

[28] Tribunal de Justiça do Rio Grande do Sul: 1ª Câmara Civil: ementa oficial: "Arras penitenciais: devolução em dobro - Correção monetária incidente desde a data da entrega das arras pela sua natureza de indenização pré-fixada."

Capítulo IV

As arras e o Código de Defesa do Consumidor

O Código de Defesa do Consumidor, cristalizado na Lei nº 8.078 que passou a vigorar no Brasil em 11/03/1991, trouxe em seu bojo grandes alterações à estrutura contratual até então vigente. A partir do pressuposto de que o consumidor é a parte mais fraca da relação de consumo e que, portanto, não há igualdade prática entre os contratantes, buscou a lei, através de seus dispositivos, equilibrar o jogo de forças que tal relação estabelece. Assim, restaram estruturalmente abalados os princípios que sustentaram a teoria contratual clássica, impondo-se sua revisão e interpretação, principalmente no que diz respeito à autonomia da vontade e a obrigatoriedade dos contratos. Dogmas até então incontestados cederam lugar a um visão mais realista das relações que a sociedade moderna impõe em virtude do crescente aumento das necessidades humanas como decorrência inevitável do evoluir constante do homem.

Entre as novidades introduzidas pelo Código de Defesa do Consumidor, cabe salientar o disposto no art. 49, que trata do direito de arrependimento assegurado ao consumidor que contrata fora do estabelecimento comercial (venda de porta em porta - *door to door* - ou venda a domicílio - *vente a domicile*).

Esse direito de arrependimento do CDC não se confunde com aquele pactuado através das arras penitenciais. Por primeiro, porque o direito de arrependimento do art. 49 do CDC origina-se de disposição legal, enquanto o direito de arrependimento das arras penitenciais decorre de acerto expresso efetuado entre as partes que contratam. Por segundo, o direito de arrependimento do CDC só pode ser exercido pela parte considerada mais fraca da relação de consumo, ou seja, pelo consumidor, ao passo que o arrependimento facultado pelas arras penitenciais pode ser exercido por ambas as partes contratantes, indistintamente. Por terceiro, as arras penitenciais pressupõem a entrega de certo bem ou quantia em dinheiro de um contratante ao outro a título de sinal, o que inexiste no arrependimento estabelecido pelo art. 49 do CDC.

Por outro lado, o CDC permite que o consumidor volte atrás na vontade manifestada, rescindindo o contrato e voltando ao *statu quo ante*. Vislumbra-se, aí, uma cláusula resolutiva tácita que existe em todo contrato que se enquadra no referido art. 49. As arras penitenciais, por sua vez, como já exaustivamente enfatizado, não dão ao que se arrepende a faculdade de cumprir ou não cumprir o acordo. Não há tal alternativa. O contrato subsiste, o que se transmuda é a prestação.

A título de ilustração, cabe citar ementa extraída de julgado do Tribunal de Justiça de São Paulo:

> "Compromisso de compra e venda - Bem imóvel - Direito de arrependimento previsto pelo art. 49 do CDC - Inaplicabilidade - Expressão 'produtos' referida no citado dispositivo a ser entendida como bem móveis. Ementa Oficial: O art. 49 do CDC é inaplicável à promessas de compra e venda de imóveis. No que tange a

produtos, o texto deve ser entendido como se referindo a bens móveis, tal o seu conteúdo manifesto, a fixar como *dies a quo* do prazo de arrependimento, em uma das hipóteses, 'o ato do recebimento do produto'."[29]

De outra feita, observe-se que o art. 51 do CDC, que arrola as cláusulas consideradas abusivas, em seu inciso II, caracteriza como tais aquelas que "subtraiam ao consumidor a opção de reembolso da quantia já paga, nos casos previstos neste código."

Tais casos são os mencionados pelo item II do art. 18 (responsabilidade por vícios do produto); item IV do art. 19 (responsabilidade por vício de quantidade do produto), item II do art. 20 (responsabilidade por vícios do serviço); item III do art. 35 (recusa ao cumprimento da oferta); par. único do art. 49 (desistência do contrato); art. 53 (contratos de compra e venda a prestação e alienação fiduciária).

Nada há nas regras mencionadas que possa ser relacionado ou confundindo com o instituto das arras.

Especial atenção merece o art. 53 do CDC, transcrito a seguir para melhor entendimento.

> "art. 53: nos contratos de compra e venda de móveis ou imóveis mediante pagamento em prestações, bem como nas alienações fiduciárias em garantia, consideram-se nulas de pleno direito as cláusulas que estabeleçam a perda total das prestações pagas em benefício do credor que, em razão do inadimplemento, pleitear a resolução do contrato e a retomada do produto alienado."

---
[29] *In* RT 708, p. 95 - TJSP - ementário.

Aquele que, culposamente, descumpre o avençado, tornando-se inadimplente, fica sujeito a reparar o prejuízo causado, ainda que seja consumidor. O art. 1.056 e o par. único do art. 1.092 do CCB não foram revogados pelo CDC. O que este quis evitar foi que o fornecedor lesado pelo inadimplemento do consumidor rescindisse o contrato, retomando o objeto vendido, e ainda retivesse a totalidade do custo já pago, como se as prestações realizadas constituíssem, aprioristicamente, indenização pelo descumprimento contratual.

Sabe-se que, para que haja indenização, é mister comprovar o dano e a sua extensão. Sem tal providência, indenização não haverá. Portanto, o fornecedor, pelo simples fato do inadimplemento do consumidor, não pode reter, por sua vontade, as prestações já recebidas. No entanto, apurados o dano e a culpa do consumidor, poderá o fornecedor ser ressarcido nos termos da lei civil.

Ao propor ação, rescindindo o contrato de compra e venda, poderá o fornecedor pleitear a retomada da coisa e a indenização pelos prejuízos sofridos, principalmente os decorrentes do uso da coisa pelo consumidor. Comprovados arrependimento e existência do dano, e apurado o seu montante, nada obsta que as quantias recebidas sejam imputadas no valor da indenização. Mas, ressalte-se, tal operação se fará, não arbitrariamente pelo credor (fornecedor), e sim judicial ou amigavelmente.

No entanto, o contrato de compra e venda a prestação pode ser celebrada com a estipulação de arras. Se forem confirmatórias e o fornecedor, diante do inadimplemento do parceiro, optar pela rescisão do contrato, o consumidor perderá em favor dele o sinal dado. Veja-se que, nesta hipótese, o fornecedor não estará retendo as parcelas do custo já satisfeitas, o que é vedado pelo art. 53 do CDC, mas conservando aquilo que lhe foi entregue a título de sinal. Não há que se confundir o que é entregue a título de sinal com a entrega que é feita como pagamento da prestação estabelecida pelo contrato. As arras confirmatórias, como já foi colocado, têm função de pena e de antecipação da indenização.

O CDC não ilidiu a obrigatoriedade dos contratos. O contratante inadimplente, seja ele consumidor, seja fornecedor, indenizará o contratante fiel nos termos do art. 1.056 e par. único do art. 1.092 do CCB.

Se o contrato de compra e venda a prestação se fez com arras penitenciais, e o consumidor tornouse inadimplente, perde ele, em favor do fornecedor, o sinal dado a título de indenização pelo incumprimento. Explica a razão, repisando o que já foi explanado anteriormente.

Sendo penitenciais as arras, o direito de arrependimento que elas facultam só pode ser exercido, no máximo, até o início da execução do contrato. A partir daí, a recusa em cumprir o avençado não mais configura arrependimento, e sim inadimplemento contratual. Ora, o art. 53 do CDC em análise fala em perda total das prestações pagas. Se houve pagamento, não se pode falar em arrependimento, e as arras dadas cumprem seu papel indenizatório. O fornecedor, assim, não retém o custo já pago, mas o sinal que lhe foi entregue pelo consumidor.

Percebe-se, pois, que não há incompatibilidade entre as normas do CCB e as do CDC.

Nesse sentido delineia-se jurisprudência, evidenciando-se os julgados transcritos a seguir.

"Compromisso de compra e venda - Inadimplemento - Arras - Códigos Civil e de Defesa do Consumidor - Compatibilidade. Compromisso de compra e venda - Culpa do adquirente. Perda total do *quantum* pago. Vedação Legal. Código do Consumidor. Perda do sinal. Compatibilidade. O Código do Consumidor, art. 53 da Lei nº 8.078/90, veda cláusula contratual que comine a perda total dos valores pagos pelo adquirente, tenha havido ou não culpa deste. Todavia, não ocorre antinomia entre essa norma e o disciplinamento civil das arras. (C. Civil arts. 1.094 a 1.097). Se o adquirente der causa à rescisão do contrato, perderá o sinal que houver dado. Embargos infringentes improvidos. (Ac. da 2ª C. Civil do TJDF - mv. no mérito - EIAC 28.108 - Rel. Des. José Hilário de Vasconcelos - j. em 23/11/93)[30]."

"Compromisso de compra e venda - Rescisão - inadimplemento do promitente vendedor do valor do sinal - admissibilidade - inteligência e aplicação dos arts. 1.097 do CCB e 53 do CDC. Ementa oficial - harmonizam-se os arts. 53 do CDC e 1.097 do CCB. Na rescisão de promessa de venda e compra por inadimplemento do promitente comprador é lícito à promitente vendedora reter o sinal ou arras, na forma da lei civil".[31]

---

[30] *In* Edictus, ano V, nº 81.

[31] RT 708, p. 95 - TJSP - ementário.

Conclusão

Após as considerações feitas, pode-se afirmar que as arras constituem valioso instrumento a que podem recorrer os sujeitos de uma relação contratual, quer para reforçar o acordo, quando então as arras utilizadas serão confirmatórias, quer para alterar seus efeitos, quando então as arras utilizadas serão as penitenciais.

Concluiu-se que, para determinar a finalidade das arras e as conseqüências que acarretam, é mister fazer-se uma interpretação sistemática das regras que as normatizam, interligando-as com outros institutos do Direito Civil. Dessa conclusão decorrem outras. Assim, em relação às arras confirmatórias, pode-se dizer que:

a) Se assumem função comprobatória, não têm cabimento nos contratos celebrados por instrumento público ou particular, quer preliminares, quer definitivos, e sim nos contratos realizados sem qualquer formalidade;

b) Se revestem função preventiva, só se aplicam aos contratos preliminares, sendo impraticáveis nos contratos definitivos;

c) Assumem caráter de pena para o caso de inadimplemento;

d) A função de antecipação da indenização é comum às arras confirmatórias e penitenciais, eis que, tanto numa quanto noutra, está vinculada ao inadimplemento contratual;

e) É importante determinar-se se o contrato foi executado ou não, para se saber que destino terão;

f) Em havendo inadimplemento por parte do contratante que as recebeu, deverá ele restituí-las em dobro;

g) É possível pedir, cumulativamente, indenização por perdas e danos;

h) No direito brasileiro, assumem função preventiva, o que não se verifica nas legislações estrangeiras examinadas.

Quanto às arras penitenciais é possível concluir-se que:

a) Elas têm, primordialmente, função de alternativa e de compensação;

b) A sua presença não importa em resolução do contrato, mas sim em mudanças na prestação inicial;

c) Elas não têm caráter indenizatório, salvo no caso de inadimplemento;

d) Em havendo o arrependimento que elas facultam, não cabe pleitear perdas e danos cumulativamente com a sua ou devolução em dobro, salvo estipulação expressa;

e) É fundamental precisar até que momento o direito de arrependimento pode ser exercido, para se determinar o destino que terão;

f) Se o sinal é entregue para permitir o arrependimento, não obstante isso, pode se configurar inadimplemento contratual, quando assumirão o papel de indenização antecipada, permitindo, aí, pleitear-se ressarcimento das perdas e danos;

g) Impedem a execução compulsória do contrato, salvo se houver inadimplemento;

h) Podem ser acessórias tanto dos contratos preliminares como dos definitivos.

Sejam as arras confirmatórias ou penitenciais, em se verificando a obrigação de restituir o sinal, tal devolução, se for em dinheiro, se fará monetariamente corrigida.

Quanto ao Código de Defesa do Consumidor é possível concluir que ele não revogou o Código Civil no que diz respeito às arras.

Bibliografia

ALEMANHA. *Código Civil*. 18 ago. 1896. Trad. Souza Diniz. Rio de Janeiro: Record, 1960.

ALMEIDA, L. *Obrigações*. p.190. *apud* LOPES, M. M. S. *Curso de direito civil*. 4ª ed. Rio de Janeiro: Livraria Freitas Bastos, 1964. v.3, p.207.

ALVES, G. M. [org.], Cretella Jr. J. e Dotti, R. A. [coord.] *Comentários ao código do consumidor*. Rio de Janeiro: Forense, 1992.

ALVIM, A. *Da inexecução das obrigações e suas conseqüências*. 5ª ed. São Paulo: Saraiva, 1980.

ASSIS, A. *Resolução do contrato por inadimplemento*. São Paulo: Revista dos Tribunais, 1991.

BEVILÁQUA, C. *Código Civil dos Estados Unidos do Brasil*. 2ª Tir. Rio de Janeiro: Rio, 1976.

BONFANTE, P. *Instituzioni di diritto romano*. Torino: G. Giapichelli Editore, 1951. p.196.

BONNECASE, J. *Elementos de derecho civil*. Trad. José M. Cajica Jr. Cidade do México: Editorial José M. Cajica Jr., 1945. t.2, p.507.

BRASIL. *Código Civil*. Lei nº 3.071 - 1º jan. 1916. Juarez de Oliveira (org.) São Paulo: Saraiva, 1993.

BRASIL. *Código Civil*. Projeto de Lei nº 634-B. 1975. Aprovado pela Câmara dos Deputados. Diário do Congresso Nacional. Campinas (SP): Julex Livros Ltda., 17 mai. 1984.

BRASIL. *Código Comercial*. Lei nº 556 - 25 jun. 1850. 2ª ed. Juarez de Oliveira (org.) São Paulo: Saraiva, 1987.

BRASIL. *Código de Defesa do Consumidor*. Comentado pelos autores do anteprojeto. Ada Pellegrini Grinover. Rio de Janeiro: Forense, 1992.

BRASIL. *Código de Processo Civil*. Lei nº 5.869 - 11 jan. 1973. Juarez de Oliveira (org.) São Paulo: Saraiva, 1986.
BRASIL. *Supremo Tribunal Federal*. Súmula 412. Rec. Ext. nº 80.721. Rel. Min. Bilac Pinto. J. 8 abr. 1975. Jurisprudência Brasileira. Curitiba, v.120, p.44, 1987.
CALDAS, Aulete. *Dicionário contemporâneo da língua portuguesa*. Lisboa: Parceria Antonio Maria Pereira Editora, 1911. p.150.
COLLINET apud RAMOS, J. A. *Derecho romano*. 6ª ed. Madrid: Editorial Revista de Derecho Privado, 1954. p.699.
COSTA, M. J. A. *Direito das obrigações*. 4ª ed. rem. Coimbra Editora, 1984.
DIAS, J. A. *Da responsabilidade civil*. 6ª ed. Rio de Janeiro: Forense, 1979. v.1.
DINIZ, M. H. *Curso de direito civil brasileiro*. São Paulo: Saraiva, 1984. v.3.
ENECCERUS, L., KIPP, T., WOLFF, M. *Tratado de direito civil*. Derecho de Obligaciones. v.1. Trad. Blas Pérez González e José Alguer. Barcelona: Bosch Casa Editorial, 1954. p.184.
FARIA, A. B. *Elementos de direito romano*. Rio de Janeiro: J. Ribeiro dos Santos Livreiro Editor, 1906.
FRANÇA. *Código de Napoleão*. 21 mar. 1804. Trad. Souza Diniz. Rio de Janeiro: Record, 1962.
GILISSEN, J. *Introdução histórica ao direito*. Trad. A. A. Hespanha e L. M. Macaíste Malhenos. Lisboa: Fundação Calouste Gulbenkian, 1986. pp. 733-734.
GOMES, O. *Contratos*. 12ª ed. Rio de Janeiro: Forense, 1989.
GONÇALVES, L. C. *Tratado de direito civil*. 2ª ed. São Paulo: Max Limonad,1958, v.4, t.1.
――――. *Tratado de direito civil*. 2ª ed. São Paulo: Max Limonad, 1958. v.8, t.2, p.527.
ITURRASPE, J. M. *Contratos*. Buenos Aires: Ediar, 1992, pp.333, 386.
ITÁLIA. *Código Civil*. 16 mar. 1942. Trad. Souza Diniz. Rio de Janeiro: Record, 1960.
LACANTINERIE, G. B., SAIGNAT, L. *Traité théorique et pratique de droit civil*. 2ª ed. Paris: Librarie de La Societé Du Recueil, 1900. p.52.
LARENZ, K. *Derecho de obligaciones*. Trad. Jaime Santos Briz. Madrid: Editorial Revista de Derecho Privado, 1958.

LOPES, M. M. S. *Curso de direito civil*. 4ª ed. Rio de Janeiro: Livraria Freitas Bastos, 1964. v.3, p.207.

MARQUES, J. D. *Noções elementares de direito civil*. 2ª ed. Lisboa: 1969. pp.144-145.

MAZEAUD, H., MAZEAUD, L., MAZEAUD, J. *Leçons de droit civil*. Paris: Montchrestien, 1956. t.2, p.601.

MAYNZ, C. *Cours de droit romain*. 3ª ed. Bruxelas: Librairie PolyTechnique, 1870. t.2.

MENDONÇA, C. apud SANTOS, J. M. C. *Código civil brasileiro interpretado*. 4ª ed. Rio de Janeiro.

MIRANDA, P. *Fontes e evolução do direito civil brasileiro*. 4ª ed. Rio de Janeiro: Forense, 1981.

——. *Tratado de direito privado*. Direito das obrigações.2ª ed. Rio de Janeiro: Editor Borsoi, 1959. v.24, pp.168-169.

MONTEIRO, W. B. *Curso de direito civil*. Direito das obrigações. 3ª ed. São Paulo: Saraiva, 1962. v.2, p.44.

NASCENTES, A. *Dicionário etimológico da língua portuguesa*. 1ª ed. Rio de Janeiro: 1955. p.44.

PEDROTTI, I. A. *Compêndio de responsabilidade civil*. São Paulo: Edição Universitária de Direito, 1992.

PEREIRA, C. M. S. "Arrhas". *Revista Forense*. Rio de Janeiro, v.51, p.476, 1936.

——. *Instituições de direito civil*. 4ª ed. Rio de Janeiro: Forense, 1978. v.3, p.85.

——. *Responsabilidade civil*. 3ª ed. Rio de Janeiro: Forense, 1992.

PLANIOL, M. *Traité élémentaire de droit civil*. 3ª ed. Paris: Librairie Générale de Droit et de Jurisprudence, 1905. t.2, p.432.

PORTUGAL. *Código Civil*. Decreto-Lei nº 47.344. 25 nov. 1966. Entrado em vigor em 1º jun. 1967.

REVISTA DE DIREITO CIVIL. São Paulo: Revista dos Tribunais, v.5, jul./set. 1978.

REVISTA DE DIREITO CIVIL. São Paulo: Revista dos Tribunais, v.23, jan./mar. 1983.

REVISTA DE DIREITO CIVIL. São Paulo: Revista dos Tribunais, v.39, jan./mar. 1987.

REVISTA DE DIREITO CIVIL. São Paulo: Revista dos Tribunais, v.42, out./dez. 1987.

REVISTA DE DIREITO CIVIL. São Paulo: Revista dos Tribunais, v.44, abr./jun. 1988.

REVISTA DE DIREITO CIVIL. São Paulo: Revista dos Tribunais, v.45, jul./set. 1988.

REVISTA DOS TRIBUNAIS. São Paulo: Revista dos Tribunais, n.66, mai. 1928. p.404. Publicação Oficial dos Trabalhos do Tribunal de Justiça de São Paulo.

REVISTA DOS TRIBUNAIS. São Paulo: Revista dos Tribunais, n.69, fev. 1929. p.12. Publicação Oficial dos Trabalhos do Tribunal de Justiça de São Paulo.

REVISTA DOS TRIBUNAIS. São Paulo: Revista dos Tribunais, n.72, nov. 1929. p.134. Publicação Oficial dos Trabalhos do Tribunal de Justiça de São Paulo.

REVISTA DOS TRIBUNAIS. São Paulo: Revista dos Tribunais, n.109, set. 1937. p.213. Publicação Oficial dos Trabalhos do Tribunal de Justiça de São Paulo.

REVISTA DOS TRIBUNAIS. São Paulo: Revista dos Tribunais, n.119, mai. 1939. p.218. Publicação Oficial dos Trabalhos do Tribunal de Justiça de São Paulo.

REVISTA DOS TRIBUNAIS. São Paulo: Revista dos Tribunais, n.170, nov. 1947. p.712. Publicação Oficial dos Trabalhos do Tribunal de Justiça de São Paulo.

RIO DE JANEIRO. Tribunal de Alçada. 4ª Câmara Civil - Ap. Civ. 46.741. Rel. Juiz Dilson Navarro. j. 25 mar. 1980. Jurisprudência Brasileira, Curitiba, v. 120, p.78, 1987.

RIO GRANDE DO SUL. Tribunal de Justiça. 1ª Câmara Civil - Ap. Civ. 58405479. Rel. Des. Athos Gusmão Carneiro. j. 4 jun. 1985. Revista do Tribunal de Justiça do Rio Grande do Sul, n.111, p.320, ago. 1985.

RIO GRANDE DO SUL. Tribunal de Justiça. 2ª Câmara Civil - Ap. Civ. 37.554. Rel. Des. Milton dos Santos Martins. j. 29 abr. 1981. Revista do Tribunal de Justiça do Rio Grande do Sul, n.90, p.283, fev. 1992.

RIO GRANDE DO SUL. Tribunal de Justiça. 4ª Câmara Civil - Ap. Civ. 29.194. Rel. Des. Peri Rodrigues Condessa. j. 16 nov. 1977. Jurisprudência Brasileira, Curitiba, v. 120, p.106, 1987.

RODRIGUES, S. *Direito civil.* 5ª ed. São Paulo: Saraiva, 1975. v.3, p.100.

——. *Direiro civil*. Responsabiidade civil. 5ª ed. São Paulo: Saraiva, 1975. v.4.

RUGGIERO, R. *Instituições de direito civil*. 3ª ed. Trad. Ary dos Santos. São Paulo: Saraiva, 1973. v.3, pp.117-119.

SANTOS, J. M. C. *Código civil brasileiro interpretado*. 4ª ed. Rio de Janeiro: Freitas Brastos, 1951. v.15, pp.155, 270, 277, 280.

——. *Repertório enciclopédico do direito brasileiro*. Rio de Janeiro: Editor Borsoi, 1964. v.4, p.164.

SANTOS, M. A. *Prova judiciária no cível e comercial*. 4ª ed. São Paulo: Max Limonad Editor, 1972. v.4

SANTOS U. P. *A responsabilidade civil na doutrina e na jurisprudência*. 2ª ed. Rio de Janeiro: Forense, 1987.

SÃO PAULO. 1º Tribunal de Alçada Civil - Ap. Civ. 88.539. Rel. Juiz Ricardo Couto. j. 31 jul. 1967. Jurisprudência Brasileira, Curitiba, v. 120, p.143, 1987.

SÃO PAULO. 1º Tribunal de Alçada Civil. 3º Grupo de Câmaras - Embs. Infs. 171.868. Juiz Pinheiro Franco. j. 22 jun. 1972. Jurisprudência Brasileira, Curitiba, v. 120, p.151, 1987.

SÃO PAULO. 2º Tribunal de Alçada Civil. - Ap. Civ. 53.109. Rel. Juiz Carvalho Pinto. j. 15 mar. 1977. Jurisprudência Brasileira, Curitiba, v. 120, p.172, 1987.

SÃO PAULO. Tribunal de Justiça. 11ª Câmara Civil - Ap. Civ. 64.837. Rel. Des. Oliveira Costa. j. 26 abr. 1984. Jurisprudência Brasileira, Curitiba, v. 120, p.182, 1987.

SÃO PAULO. Tribunal de Justiça. 16ª Câmara Civil - Ap. Civ. 80.580-2. Rel. Des. Bueno Magno. j. 3 out. 1984. Jurisprudência Brasileira, Curitiba, v. 120, p.186, 1987.

SÃO PAULO. Tribunal de Justiça. 2º Grupo de Câmaras Reunidas - Ap. Civ. 26.993. Rel. Des. Pinto do Amaral. j. 26 ago. 1947. Revista do Tribunais, v. 176, p.712.

SCIALOJA, V. *Dizionario pratico del diritto privato*. Milano: Casa Editrice Dottor Francesco Vallardi. v.1, p.734.

SILVA, P. *Vocabulário jurídico*. 3ª ed. São Paulo: Forense, 1973. v.1, p.154; v.2, p.804.

SILVEIRA, V. C. *Dicionário de direito romano*. São Paulo: José Bushatsky Editor, 1957. p.86.

STOLFI, N. , STOLFI, F. *Il nuovo codice civile commentato*. Napoli: Casa Editrice Dott. Eugenio Jovene, 1949. l.4, t.1, p.204.

SUÍÇA. *Código Civil e Código Federal Suíço das Obrigações*. 10 dez. 1907. Trad. Souza Diniz. Rio de Janeiro: Record, 1961.

THEODORO JR., H. *Execução. Direito processual ao vivo*. 1ª ed. Rio de Janeiro: Aide Editora, 1991. v.3, p.100.

——. *Responsabilidade civil. Doutrina e jurisprudência*. 2ª ed. Rio de Janeiro: Aide Editora, 1989.

VIEIRA, J. P. G. Doutrina. "Arras". *Revista do Tribunais*, São Paulo, n.159, p.438, jan. 1946.

Av. Plinio Brasil Milano, 2145
Fone 341-0455 - P. Alegre - RS